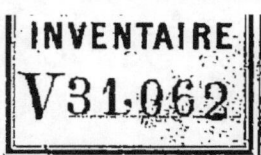

BIBLIOTHÈQUE
CHRÉTIENNE ET MORALE,

APPROUVÉE

PAR Mgr L'ÉVÊQUE DE LIMOGES.

3me SÉRIE.

Tout exemplaire qui ne sera pas revêtu de notre griffe sera réputé contrefait, et poursuivi conformément aux lois.

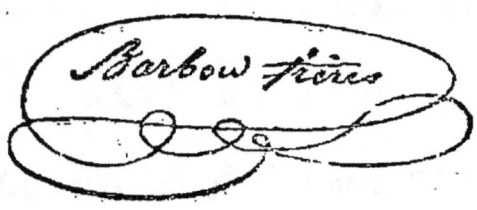

HISTOIRE DE LA PEINTURE.

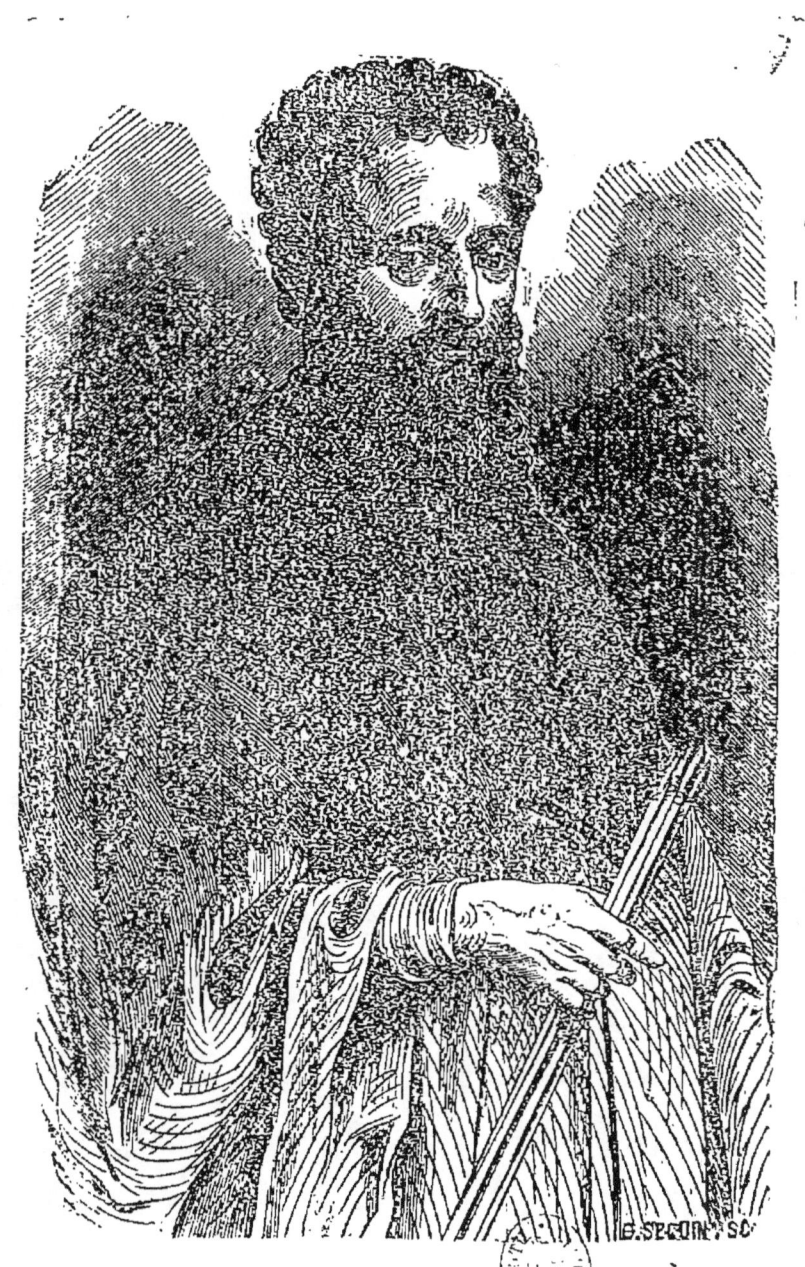

Michel Ange.

HISTOIRE
DE LA PEINTURE

PAR

ALPHONSE D'AUGEROT.

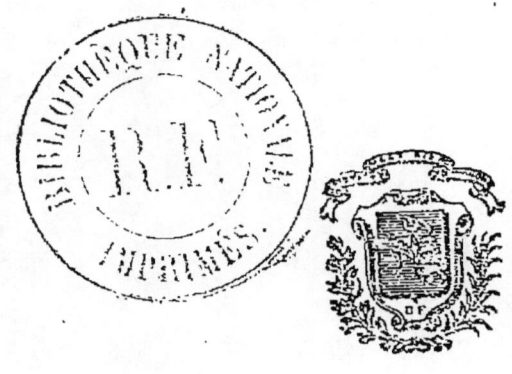

LIMOGES.
BARBOU FRÈRES, IMPRIMEURS-LIBRAIRES.

HISTOIRE DE LA PEINTURE.

—

La peinture est l'art d'imiter la nature par l'emploi des couleurs. Or, comme l'homme est essentiellement imitateur, la peinture est aussi ancienne que l'homme.

Un potier de Sicyone, en Grèce, avait une fille du nom de Dibutade. Un soir, la jeune fille reçut la visite de son fiancé qui, prêt à partir pour affronter les hasards des combats, venait lui faire ses adieux. Pendant qu'il parlait, Dibutade remarqua son ombre projetée sur la muraille par la lumière de la lampe qui les éclairait. Aussitôt elle se lève, et avec un charbon imagine de tracer le portrait de son amant en suivant les contours de son profil. De son côté, le père de Dibutade applique de l'argile sur ce dessin et fait cuire cette œuvre. C'est ainsi que les Grecs expliquent l'origine de la peinture et de la sculpture.

L'histoire pourrait être vraie si déjà, mille ans auparavant, et plus même, Sémiramis n'avait fait peindre des animaux fantastiques sur le pont dont elle couvrit l'Euphrate et qui mettait en communication les deux grands quartiers de la belle Babylone. Elle pourrait être vraie si déjà les Egyptiens n'avaient décoré de peintures les monuments de Memphis et de

Thèbes et leurs Hypogées mortuaires. Mais ce dont les Grecs peuvent positivement se vanter, c'est d'avoir fait faire à la peinture d'immenses progrès.

Déjà la peinture existait à l'état de couleurs sèches. C'est ainsi que d'après Homère, 1200 ans avant J.-C., Hélène, l'héroïne de la guerre de Troie, retraçait sur ses ouvrages de tapisserie les nombreuses batailles livrées à cause de sa beauté fatale. Andromaque reproduisait des fleurs des plus douces nuances et des tons les plus variés. Mais si dès-lors la peinture était connue comme idée, dans la pratique elle était encore à l'état d'ébauche.

Tout d'abord la peinture n'avait été qu'un simple linéament indiquant les contours des objets sans rendre aucun relief ni exprimer aucun ton. Mais de ce dessin linéaire la peinture passa peu à peu à l'emploi des matières colorantes. Alors ce fut une simple enluminure, car on tintait de rouge, par exemple, le trait qui représentait une draperie rouge, et de jaune celui qui représentait une étoffe jaune. Puis, des artistes, mieux avisés, observant que les objets avaient du relief, imaginèrent le clair-obscur afin d'arriver à des effets de saillie. Ce fut à cette phase de l'art que les Grecs, doués de plus de finesse, de jugement et de sensibilité, inventèrent le moyen de donner une couleur à toute la surface crayonnée. Seulement cette couleur fut unique d'abord, *monochrôme*, comme ils disaient, ce que nous appelons *camaïeu*. Enfin des maîtres plus habiles encore, de la peinture monochrôme s'élevèrent à la science du coloris varié slon les tons de la nature.

Bientôt alors le Pœcile d'Athènes devint un merveilleux musée reproduisant par la peinture les hauts faits des armées athéniennes et de leurs vaillants capitaines.

Alors aussi les Grecs ayant envoyé en Italie des colonies qui s'établirent dans la Thuscie, qui prit le nom d'Etrurie plus tard, et que nous nommons aujourd'hui la Toscane, ces nouveaux peuples, les Etrusques, y apportèrent l'art de la peinture. Aussi décorèrent-ils la ville de Cœré, l'une de leurs Lucumonies, de peintures splendides. Aussi le Latium leur demandait-il des artistes pour orner ses temples. Aussi à Lanuvium, sur la Voie Appienne, peignaient-ils, à fresque, une charmante Hélène et une Atalante tout aussi belle. Enfin, avant la fondation de Rome encore, à Ardée, l'Etrusque *Ludius Helotas* peignait-il la coupole d'un temple de Junon avec un talent tel, que dans le Ier siècle de notre ère son œuvre conservait encore toute sa beauté et la fraîcheur de son coloris. Il n'est pas étonnant dès-lors que Pline nous dise dans ses écrits que longtemps avant que Rome existât, la peinture était déjà portée à perfection en Italie.

La peinture à *l'encaustique*, celle à la *fresque*, et enfin la *mosaïque* ont été généralement employées à la décoration de leurs temples et de leurs édifices par les Grecs.

La première, universellement pratiquée dans la Grèce, est une peinture à la cire que l'on fixe à l'aide du feu, comme son nom l'indique. Pline, dans un passage sur la peinture à l'encaustique, la divise en trois espèces. Il paraît, suivant lui, que l'on peignait avec un style sur l'ivoire ou sur du bois lissé, auquel on appliquait une couleur quelconque pour servir de fond. Une fois les contours tracés, on étendait la cire avec le style, après l'avoir imprégné de couleurs d'une certaine épaisseur. Le peintre avait de la braise à côté de lui pour tenir chauds les styles dont il se servait. Il remplissait les contours en y portant les couleurs avec la pointe du style, et, avec la partie large, il les étendait sur la surface qu'il voulait couvrir. Voilà tout ce que l'on sait de cette manière de peindre. Il y a tout lieu de croire que les Grecs peignaient seulement à à encaustique les petits tableaux de scènes familières, les passages et les portraits : autrement ils n'auraient jamais pu atteindre la finesse si nécessaire à la perfection d'un grand tableau.

Certainement l'origine de la peinture se perd dans la nuit des temps, et ses inventeurs, *Cléanthe* et *Ardicès* de Corinthe, et *Téléphane* de Sicyone, pour ce qui regarde la Grèce, doivent être placés longtemps avant Homère. Néanmoins les Grecs ne placent leurs premiers peintres que dans le VIIe siècle avant l'ère chrétienne.

Leurs premiers artistes connus sont *Higgionontes*, *Dinias* et *Charmas*. *Eumaris* tint ensuite le sceptre de la peinture. Il usait de deux couleurs : l'une pour les chairs, l'autre pour les vetements. Mais, comme ses prédécesseurs, il plaçait ses personnages les uns à la suite des autres, debout et de face. *Cimon* de Cléone, son élève, fit école, groupa ses figures avec harmonie, inventa le procédé des raccourcis et marcha vers le progrès à pas de géant.

On était à 700 ans avant J.-C., quand vint *Bularchos*, qui représenta la bataille des Magnésiens, dont Candaule, roi de Lydie et le dernier des Héraclides, paya le tableau en le couvrant d'or.

Alors s'écoulent deux siècles sans que l'histoire fasse mention d'aucun peintre fameux. Toutefois apparait *Panenus*, frère de Phidias, l'immortel sculpteur. Ce Panenus exécuta une peinture représentant la bataille de Marathon.

Elle fut placée dans le Pœcile; ses portraits étaient d'une ressemblance parfaite, mais l'action manquait dans ses personnages. Néanmoins Panenus fut digne de Phidias, et c'est l'une des illustrations du grand siècle de Périclès.

Pline nous dit, et Félibien confirme son témoignage, que ce fut à cette époque, 450 ans avant notre ère, que le monde vit se produire *Polygnote*, de Thasos, artiste sans pareil encore, qui crée un genre à lui, invente l'usage de la cire ou l'encaustique, imite fidèlement la nature, adopte les compositions les plus gracieuses, et revet ses personnages des couleurs diverses les plus conformes à la vérité. Bientôt tous les portiques d'Athènes sont décorés de ses peintures. Ils représentent les grands drames de la guerre de Troie. Le rembarquement des Grecs après la prise de la ville et la descente d'Ulysse aux enfers excitèrent tellement l'admiration des Athéniens, que pour récompenser dignement l'artiste, on lui demanda quel salaire il souhaitait.

— La reconnaissance de mes concitoyens! répondit Polygnote.

Ce désintéressement sublime porta le conseil des Amphyctions à lui voter un décret de remerciment. En outre, on mit à la disposition du peintre un appartement dans les palais de la République. Toutefois les compositions de Polygnote manquaient d'unité, car on était loin encore de l'intelligente application de la lumière et des ombres. Cependant sa représentation du sac de Troie, faite pour le Pœcile et d'un mérite supérieur, brava les âges et les dangers à ce point que, transporté à Rome par un maladroit proconsul, puis expédié à Constantinople vers le V⁹ siècle après J.-C., ce tableau vit ainsi s'écouler neuf cents ans sans éprouver d'altération sensible. Mais alors il périt dans un incendie.

Ippollodore d'Athènes commença ensuite, vers 408, à perfectionner l'art du dessin, de la couleur et des raccourcis. On vit longtemps, à Pergame, dans l'Asie-Mineure, deux peintures exquises de cet artiste fameux. Un prêtre en prières, et Ajax foudroyé par Miverne, tels étaient les sujets de ces deux chefs-d'œuvre d'un des plus grands peintres de la Grèce. Appollodore eut pour élève l'illustre Zeuxis, qui bientôt surpassa son maître.

Né à Héraclée, *Zeuxis* florissait en l'an 378 avant J.-C. Il atteignit à un tel degré le talent de distribuer admirablement la lumière et les ombres, qu'à la vue de leurs effets merveilleux, Appollodore devint jaloux et composa des satires contre son élève. Mais Zeuxis, sans quitter sa voie, produisit une telle quantité de magnifiques tableaux qu'il réduisit ses adversaires au silence. Bientôt il acquit une fortune considérable et se montra si vain de son mérite qu'aux jeux olympiques il ne paraissait que suivi d'une foule de valets affublés de tuniques sur lesquelles était brodé son nom en lettres d'or. Une fois riche, il ne vendit plus ses peintures, il en fit don à ses amis. Mais avant de les livrer, il en faisait une exposition publique, et on devait payer pour en jouir. Un jour, ayant peint un athlète, il mit au bas de la peinture cette légende orgueilleuse :

— On le critiquera, mais on ne l'imitera pas.

C'était, en effet, l'un de ses meilleurs tableaux. Une autre fois, à l'occasion de sa lenteur au travail dont on lui faisait reproche, il répondit :

— Je suis lent parce que je travaille pour l'immortalité.

Zeuxis ne faisait pas le désespoir d'Apollodore seulement : malgré leur talent supérieur, il éclipsait aussi d'autres peintres habiles, *Androcyde*, *Eupompe*, *Timanthe* et *Parrhasius*. Ces artistes luttaient noblement entre eux à qui imiterait le mieux la nature.

Dans ce but, Zeuxis avait achevé avec un

soin tout particulier un tableau composé d'un enfant portant des fleurs et des fruits dans une corbeille. Pour le mieux faire juger et apprécier par le public, le peintre exposa son œuvre au dehors de son atelier. A peine mis au grand air, et à la vue des fleurs et des fruits, des oiseaux d'accourir à tire d'aile, et, trompés par la vérité de la peinture, de becqueter les fruits les plus mûrs en apparence. Triomphe de Zeuxis. Bouffi d'orgueil, le voici qui demande à ses antagonistes de lui montrer ce qu'ils ont à opposer à son tableau.

— Cette autre peinture... dit Parrhasius, en faisant apporter un tableau, que voilait un rideau.

— Tirez donc votre rideau, que nous admirons votre chef-d'œuvre ! dit Zeuxis d'un ton railleur.

Ce rideau n'était autre que le tableau même : et si les oiseaux avaient été trompés par le talent de Zeuxis, ici c'était Zeuxis lui-même qui était trompé par le talent de Parrhasius.

Zeuxis se remit au travail et peignit une vieille femme dans une désinvolture si grotesque et une attitude si comique que, d'après Valérius Flaccus, pris d'un rire inextinguible en face de son tableau, l'infortuné Zeuxis expira dans le paroxisme de sa gaité folle. Assurément Zeuxis fut un grand peintre, le premier de tous les peintres grecs : la pureté des contours, la noblesse des formes, la grâce des femmes lui étaient familières. Mais ce réalisme physique excluait malheureusement l'expression des passions et des sentiments de l'âme, et, d'après ceux qui ont pu juger ses œuvres et qui en ont écrit, sur ce point bon nombre de ses rivaux le dépassèrent.

Le vainqueur de Zeuxis, Parrhasius, était d'Ephèse. Il avait pour père et pour maître Evenor. Tout entier à la perfection de l'art, ce fut lui qui étudia le mieux les proportions dans les effets de peinture ; en même temps il s'appliqua d'une façon toute particulière et réussit à reproduire la finesse des visages, la fluidité de la chevelure et l'expression de la bouche. Plus superbe encore que Zeuxis, il ne sortait jamais sans porter une couronne d'or sur la tête et sans être élégamment drapé d'un manteau de la plus belle pourpre. Sa table était servie avec un luxe effréné, et une opulence royale se montrait partout dans sa demeure. Il n'en eut pas moins à subir une humiliante déception.

La ville de Samos offrit un prix de peinture. Parrhasius ne pouvait supposer que nul osât lutter contre lui. La fureur d'Ajax contre Ulysse à l'occasion des armes d'Achille, tel était le sujet imposé. Quand un hérault dut proclamer le nom de l'artiste qui méritait le prix, Parrhasius se leva. Mais quelle ne fut pas sa colère lorsqu'il entendit prononcer le nom de Timanthe?

— Pauvre fils de Télamon, infortuné Ajax! dit-il, je te plains! car te voilà par deux fois vaincu par un adversaire qui ne te vaut pas!

Le rhéteur Sénèque nous raconte qu'afin de représenter avec plus de vérité les tortures de Prométhée attaché sur le Caucase et dont un vautour dévorait les entrailles vivantes, arrhasius tortura de sa main un malheureux esclave qui posait comme modèle du supplicié, et le fit expirer dans les plus horribles tourments.

Du reste Parrhasius ne peignit pas seulement de grandes scènes : il se livrait aussi à la peinture érotique, au point même de révolter la pudeur. Les Romains, dissolus comme les rendit le règne des empereurs, s'emparèrent de ses plus impures productions, et l'infâme Tibère ne craignit pas de payer 600,000 sesterces, environ 150,000 francs, celle à laquelle il attachait le plus grand prix, Atalante et Méléagre, dont il ne se séparait jamais.

Sicyone donna à la Grèce l'un de ses plus

brillants artistes, Timanthe, le Timanthe dont nous venons de parler. L'histoire grecque vante beaucoup son talent et fait de chaleureux récits de ses peintures. Il représenta le sacrifice d'Iphigénie avant le départ des Grecs pour le siége de Troie. Mais pour avoir trop bien exprimé la douleur et le désespoir sur les visages des illustres capitaines entourant la victime, ne sachant plus quelle expression donner à la figure d'Agamemnon, le père d'Iphigénie, Timanthe eut la sublime idée de lui couvrir la tête d'un voile, en signe de deuil, et de cette façon l'imagination resta libre de se livrer à tous les écarts à l'endroit de l'amertume dont devait être empreinte la physionomie du chef des Grecs, en face de la mort de sa fille.

Eupompe, signalé plus haut, et qui disait avec orgueil qu'il ne voulait pas d'autre maître que la nature, fractionna les écoles de peinture grecque et asiatique, en école d'Athènes et école de Sicyone. Il eut pour disciple *Pamphile* et *Apelles*, dont nous parlerons tout à l'heure.

Brietes peignit aussi avec succès. Il était de Sicyone. Il eut pour fils et pour élève *Pausias*, qui marcha sur les traces de son père et qui florissait vers l'an 376 avant notre ère. Suivant Pline, Pausias excella dans la peinture des fleurs. Il faisait surtout celles des couronnes d'une vérité surprenante. L'encaustique, pour ce genre de sujets, lui présentait beaucoup plus de ressources que la fresque. Aussi réussissait-il à peindre de petits tableaux. On cite

2.

de lui une peinture qui excita généralement l'admiration. Il personnifia l'*Ivrognerie* sous les traits d'une femme tenant une coupe de cristal et buvant. Le cristal était si bien imité que l'on voyait au travers la carnation du visage de cette femme. Le même Pausias peignit le premier les lambris et les voûtes de palais, nouveauté qui fut parfaitement accueillie.

Ce fut lui qui rendit célèbre la belle Glycère, une bouquetière d'Athènes, qu'il aimait, par un tableau à l'encaustique dans lequel il la peignit tressant une couronne fleurs. Cette peinture, d'une rare beauté, fut appelée par les Athéniens la *Marchande de Couronnes*. On assure que Lucullus, le riche et voluptueux Romain, donna deux cents talents d'une copie de ce tableau.

Après Pausias, l'artiste le plus en renom à cette époque fut une certaine *Lala,* qui resta toujours fille, et que l'on surnomma la *Vierge perpétuelle.* Elle peignait la miniature à l'encaustique, ce qui semble indiquer que sa peinture était extrêmement fine et soignée. Un jour il prit à Lala la fantaisie de faire, au miroir, son propre portrait. Elle réussit à merveille, et cette nouveauté augmenta singulièrement sa réputation.

Cependant la plupart des peintres que nous venons de nommer travaillaient à la fresque, et je dois expliquer quel est ce genre de peinture.

La *Fresque* est une peinture faite avec des

couleurs terreuses, détrempées dans de l'eau pure, et appliquées sur un mur nouvellement enduit d'un mortier composé de chaux et de sable, conditions toutes nécessaires pour donner à la fresque une longue durée. En effet, ce mélange de chaux et de sable devient, avec le temps, aussi dur que la pierre, avec laquelle il s'unit beaucoup mieux que le plâtre, qui souvent finit par se détacher. En outre, la couleur s'incorpore parfaitement dans l'épaisseur de l'enduit. C'est pour cette raison que cette manière de peindre a reçu le nom de *fresque*, de l'italien *fresco*. Autrefois, on écrivait en français *fraisque*, afin de mieux faire sentir son analogie avec le mot *frais*. Pour que l'enduit ait la fraîcheur convenable, on ne couvre chaque matin que la portion de mur qui peut être peinte dans la journée, et si quelque chose retarde ou suspend le travail de l'artiste, on doit faire abattre l'enduit pour le refaire de nouveau. Dans cette manière de peindre, un artiste doit travailler vite et au premier coup, car la fresque ne permet pas de retouches. Une grande composition ne peut donc être exécutée que par fragments, et chaque partie doit être totalement terminée avant que la partie voisine puisse être même tracée. Ce genre de peinture exige des artistes fort exercés, dont la main soit aussi sûre qu'habile. Un tel travail ne convient non plus que pour de vastes compositions, placées à une assez grande distance du spectateur, comme sont les coupoles, les voûtes et les grands plafonds. Afin de pouvoir travailler avec sécurité, l'artiste a soin d'avoir des dessins où tous les contours soient bien arrêtés, et sur lesquels il a également soin d'indiquer la place des clairs et des ombres. Il calque alors ses dessins avec une pointe qui les empreint facilement sur l'enduit, et acquiert ainsi la certitude de ne pas faire d'erreur. Afin d'avoir un guide plus certain, ces dessins, nommés *cartons*, sont ordinairement coloriés : cependant, quelquefois ils n'offrent qu'un simple trait de la grandeur de l'exécution ; pour le reste du travail, l'artiste se contente d'un petit tableau, sur lequel il retrouve l'effet et la couleur.

Telle est la fresque moderne et telle dut être la fresque dans l'antiquité, la fresque peinture originelle. C'est d'après ce genre de peinture que furent faites celles de Polygnotes dans le Pœcile d'Athènes, et dans le Lèche de Delphes. Celles que l'on retrouve dans les temples d'Egypte, et celles mêmes que nous restituent Herculanum et Pompeïa, sont aussi exécutées dans des manières semblables à la fresque. D'où il résulte que l'art de la peinture, à son origine, dut être positivement la fresque pour les grandes compositions et l'encaustique pour de moindres sujets.

Maintenant revenons aux peintres grecs.

Amphipolis, petite ville de Macédoine, eut la gloire de donner le jour à *Pamphile,* l'élève de Timanthe et le maître d'Apelles. Très-avancé dans les lettres et dans les sciences exactes, cet artiste usa de ses connaissances pour doter son art de plus de grâce et de grandeur. Il sut donner tant de prestige à la peinture, que la Grèce la proclama le premier des arts libéraux. Aussi les fils des meilleures familles voulurent être peintres, et, pour ne pas avilir ce noble talent, un décret défendit aux esclaves de jamais peindre. Pamphile devint un véritable souverain, au point de vue de l'influence d'abord, au point de vue de l'argent ensuite. Il eut un nombre considérable d'élèves, et de chacun, après un engagement de dix ans, il n'exigeait pas moins d'un talent, c'est-à-dire de 5,400 francs.

Cependant la Grèce entière commençait à prononcer avec éloges le nom d'*Apelles*. Il était fils de Pythias, et naquit l'an 332 avant J.-C. à Cos, et, selon les autres, à Colophon. En tout cas, il reçut le droit de bourgeoisie à Éphèse : aussi le surnomme-t-on quelquefois l'Ephésien. Le jeune artiste s'annonça bientôt comme devant effacer le talent et la gloire de tous ceux qui l'avaient précédé. On vantait son amour du travail, son application exemplaire dont il donnait des preuves, en ne passant pas un jour sans se livrer à l'étude de son art. Ephorus, d'Ephèse, fut son premier maître : mais la renommée de l'Ecole de Sicyone le détermina à prendre des leçons chez Pamphile. Apelles quitta donc l'Asie-Mineure et se rendit en Grèce, où il composa plusieurs chefs-d'œuvre avec les élèves de son nouveau maître. Ses compositions se distinguaient par la grâce poétique et le naturel le plus vrai. Toutefois, c'est Pline qui nous le dit, le grand peintre n'employait jamais que quatre couleurs ; mais il les combinait, les disposait et les harmonisait de telle sorte qu'elles produisaient sur ses tableaux des effets jusqu'alors inconnus. Sous le règne de Philippe, Apelles se rendit en Macédoine. Alors s'établit entre lui et ce grand roi cette intimité qui a donné lieu à beaucoup d'anecdotes. On raconte que pendant son séjour à Rhodes, Apelles alla visiter l'atelier de Protogènes. Celui-ci étant absent, Apelles traça sur une table un contour avec le pinceau. A son retour, Protogènes reconnut la main de maître d'Apelles : Mais il s'appliqua à le surpasser par un contour plus beau et plus exact, tracé dans celui d'Apelles. Apelles revint et en traça un plus délié encore entre les deux premiers. A cette vue le peintre de Rhodes s'avoua vaincu. Plus tard cette table fut envoyée à Rome pour orner le palais des Césars : mais elle disparut dans un incendie. Modeste à l'excès, Apelles, afin de se donner les moyens d'atteindre à la perfection par la critique, exposait ses peintures en public, et, caché derrière un rideau, il recueillait les jugements des passants pour en faire son profit. Un jour, un cordonnier ayant trouvé qu'il manquait quelque chose à une sandale, le peintre profita de son observation, et le lendemain le tableau reparut avec la correction indiquée. Mais alors le cordonnier, fier de son succès, ayant prétendu faire de nouvelles critiques, Apelles, se montrant aussitôt, lui adressa ces mots dont les fables de Phèdre on fait un proverbe :

— *Ne, sutor, ultra crepidam !*

Apelles se liait avec tant de zèle à son art qu'il ne passa pas un jour de sa vie sans toucher son pinceau, ce qui donna lieu à cet autre proverbe :

— *Nulla dies sine lineâ*.

Chargé par Alexandre le Grand de peindre une femme qu'aimait ce prince, Apelles s'éprit de son modèle. Alexandre eut assez de grandeur d'âme pour la lui faire épouser et contribuer ainsi à son bonheur. Etant en Egypte, on accusa le peintre de conspirer contre la vie de Ptolémée, et il allait périr si le véritable coupable ne se fût pas fait connaître. Aussi, en mémoire de cet évènement, peignit-il, en revenant à Ephèse, son tableau de la *Calomnie*, qui fut son dernier ouvrage. Il ne mit son nom qu'à trois de ses ouvrages, *Alexandre-*

Tonnant, la plus célèbre de ses peintures, qui décora le temple d'Ephèse; *Vénus endormie,* et *Vénus Anadyomène,* surnom qui rappelle la naissance de cette déesse au sein des mers. Apelles la représenta au moment où elle s'élève au milieu des eaux. Ce fut Campaspe, cette femme que lui donna Alexandre, qui servit de modèle au peintre. D'autres prétendent que ce fut la célèbre Phryné qui, aux fêtes de Neptune, s'étant dépouillée de ses vêtements, se jeta dans les flots écumeux de la plage pour donner à l'artiste l'aspect de Vénus sortant des vagues. Ce tableau fut apporté à Rome sous Auguste. Antipater, de Sidon, chanta ainsi cette magnifique peinture :

— Voyez l'œuvre admirable créée par le pinceau d'Apelles ! Voyez la belle Cypris s'élevant du sein des lames empourprées par le soleil. Elle porte la main à sa chevelure, d'où l'eau ruisselle, et presse l'onde qui s'écoule de ses boucles humides. Pallas elle-même et l'orgueilleuse épouse de Jupiter disent en la voyant : Maintenant nous ne te disputons plus le prix de la beauté.

La mort paraît avoir surpris l'artiste fameux à Cos, où il avait commencé une peinture tellement belle que personne n'osa l'achever.

Apelles était l'inventeur d'un vernis qui donnait à ses tableaux un éclat tout particulier et dont le secret se perdit avec lui. Ce grand peintre porta les limites de l'art aussi loin que possible, aussi surnomma-t-on son talent *Ars Apelleæ*.

On raconte qu'ayant peint Alexandre monté

sur Bucéphale, son cheval favori, et la peinture ne plaisant que médiocrement au vainqueur de Darius, une cavale que le hasard fit passer par là se prit à pousser des hennissements en voyant l'animal rendu vivant par le talent de l'artiste. Aussi Apelles, souriant, dit au prince :

— Une jument serait-elle donc meilleur juge en peinture qu'un roi de Macédoine?

Au moment où Apelles s'éteignait dans la mort, se distinguait, à Thèbes, un peintre de renom, *Aristide*, élève d'Euxénidas, de Béotie. C'était à l'encaustique que travaillait ce nouveau roi de l'art. Les passions et les troubles de l'âme étaient le genre dans lequel il excellait. Rien de la voix ne manquait à l'expression d'un suppliant qu'il peignit sollicitant sa grâce, et à un malade implorant du ciel la santé qui l'avait quitté. Aristide représenta une bataille des Grecs contre les Perses qui se composait de cent figures. Cette peinture lui fut payée à raison de dix mines, soit 900 francs par chaque personnage : elle lui valut donc une somme de 90,000 francs. Mais alors que la Grèce était fière de ses artistes et les récompensait généreusement, les Romains avaient si peu de connaissances dans les arts, que, Corinthe étant devenue leur proie, et Mummius, l'ignorant et stupide consul, voyant Attale payer 6,000 sesterces un simple tableau d'Aristide, l'arracha des mains du roi de Pergame, et l'envoya à Rome, convaincu que cet objet devait être un talisman quelconque.

Nous avons nommé *Protogènes*, tout à

l'heure, à l'occasion d'Apelles. Protogènes, né à Caune, ville soumise aux Rhodiens, environ 350 ans avant l'ère chrétienne, descendait d'une famille pauvre et inconnue. On ignore quel fut son maître, mais on sait que le besoin lui fit contracter l'habitude d'une sobriété qu'il conserva toute sa vie. Cet artiste ne fut pas seulement peintre; il fut aussi statuaire. Il avait un goût spécial pour peindre les vaisseaux : mais il faut se rappeler que les navires grecs étaient décorés magnifiquement. Ainsi la galère de Ptolémée-Philadelphe était ornée de statues d'ivoire et de superbes peintures. Savant et correct, délicat et plein d'énergie, Protogènes voulait exceller en tout, et cependant il ne pouvait outrepasser les forces naturelles de son talent. En effet, cherchant toujours à perfectionner, il oubliait le point auquel il devait s'arrêter et mettait trop de temps à finir ses tableaux. Apelles l'avertit de cet excès. Néanmoins l'Ephésien appréciait l'habileté du Rhodien, car il offrit 50 talents d'un de ses ouvrages et fixa ainsi l'attention des citoyens de Rhodes sur la valeur des peintures de leur compatriote.

Dans l'île de Rhodes se trouvait une ville du nom de Jalyse ou Ialyse. Elle devait son nom à Jalyse, fils de Cercaphus, qui régna sur l'île. On racontait de Jalyse ses amours avec la nymphe Rhodos, simple figure du jeune prince régnant sur l'île de Rhodes. Protogènes fit un tableau représentant Jalyse et la nymphe Rhodos. Pline rapporte qu'il fut sept ans à composer cette peinture, et encore, au bout de ce temps, la figure principale était la seule que l'auteur considérât comme terminée. C'est sans aucun doute une méprise de la part de Pline, qui raconte aussi que ce même tableau fut peint quatre fois l'un sur l'autre, et que ce procédé fut imaginé par l'artiste pour donner plus de durée à son ouvrage, parce que si le temps enlevait les couches supérieures on retrouverait alors celles de dessous. On doit également rejeter une autre anecdote, aussi rapportée par Pline, qui prétend que Protogènes, impatienté de ne pouvoir réussir à bien imiter la bave écumeuse d'un chien placé près de Jalyse, jeta vivement sur son tableau l'éponge avec laquelle il nettoyait ses pinceaux, et, par l'effet du hasard, obtint le succès inespéré que lui refusait son talent. Un traducteur de Pline et malin critique, Falonet, demande si Protogènes, en refaisant quatre fois son tableau, lança aussi quatre fois son éponge avec ce même bonheur.

On ne sait pas dans quel monument fut placé d'abord cette œuvre de Protogènes : mais Pline nous apprend qu'on a vu ce tableau dans le Temple de la Paix, à Rome. Un tableau également remarquable de ce peintre, et dont le sujet était tiré de l'Odyssée, représentait *Nausicaa conduisant un char traîné par des mules.* Il était placé dans le vestibule du Parthénon, à Athènes, ainsi que celui de Paralus, inventeur des vaisseaux à trois rangs de rames.

Protogènes a peint aussi plusieurs sujets de l'histoire d'Alexandre, puis un *Satyre* tenant une flûte et désigné sous le nom d'*Ana-paumenos*, parce que ce virtuose aux pieds de bouc était représenté dans le moment où il reprend son haleine. Protogènes était occupé à ce travail lorsque Démétrius de Phalères vint assiéger la ville de Rhodes. Protogènes avait son atelier dans l'un des faubourgs envahi par les soldats du roi de Macédoine : Néanmoins il ne cessa pas de peindre. Démétrius, surpris de ce sang-froid, visita l'artiste et lui dit :

— Ne craignez-vous donc pas les insultes de mes troupes ?

— Nullement, répondit le peintre : je sais que vous faites la guerre aux Rhodiens, mais non aux beaux arts.

En effet, Démétruis donna une garde à

Protogènes et ne cessa jamais de le protéger.

Les autres peintures citées par Pline sont les portraits de Paralus, de Cydippe, de Tlepolème, de Philiscos, poète grec, composant une tragédie, que peignit Protogènes. Il fit aussi celui du roi Antigone et de la mère d'Aristote. Enfin Protogènes exécuta quelques figures en bronze, athlètes, sacrificateurs, chasseurs, etc : mais Pline dit qu'elles n'existaient plus de son temps.

Pétrone a dit des peintures de Protogènes : Je vis des tableaux qui, par leur vérité, luttaient avec la nature, et je ne pus placer mon doigt sur les figures sans éprouver un frémissement.

A cette époque de l'histoire de la peinture,

de grandes révolutions ébranlèrent les états de la Grèce, et la peinture en subit le contre-coup. Elle tomba en décadence. *Asclipiodore* se distingua bien plus par son étude des proportions et son entente des groupes ; *Nicomaque*, par une extrême facilité de composition ; aux temps d'Aratus, chef de la Ligue Achéenne, *Nealcès*, *Euphranor*, *Nicias* et *Timomaque*, contemporain de César, par d'autres qualités : mais après eux, on vit des artistes, *Pyreicos*, par exemple, au temps d'Auguste, qui ne s'adonna qu'à la caricature et peignit des ânes, des légumes, des intérieurs de boutique de barbiers et de cordonniers. Alors Rome s'empara de la Grèce, alors les arts grecs devinrent, dans leurs œuvres merveilleuses, les ornements de la souveraine maîtresse du monde.

et comme les fils de Rome ne savaient rien produire en fait d'art, et qu'ils n'avaient que le génie des conquêtes, la peinture dégénérée s'engloutit dans l'abîme des calamités qui couvraient alors la terre.

Cependant l'art de la peinture avait été introduit en Italie par les Grecs, alors que les colonies de l'Asie Mineure, filles de la Grèce et élèves des Egyptiens, des Perses et des Assyriens, qui les entouraient, vinrent sous le nom de Pelasges, Etrusques ou Tyrrhènes, se fixer entre le Tibre et l'Arno, de 1244 à 1000 avant notre ère, contrée qui prit aussitôt le nom de Tyrrhénie et qui donna celui de mer Tyrrhénienne à la portion de la Méditerranée qui la baigne. L'examen des tombeaux et des peintures de ces peuples d'origne grecque que l'on trouve encore dans les anciennes villes pélasgiques de l'Etrurie qui étaient et qui sont Clusium, Perusia, Cortona, Arretium, Volaterra, Volsinies, Tarquinies, Populonia, Veïes, Fœsules, Fidènes, Telamon, Cœre, etc., révèlent un caractère très-voisin de l'orient. On y reconnaît des sujets empruntés à la Perse, à l'Egypte, à l'Assyrie. Aussi faut-il admettre une influence orientale, et reconnaître dans les monuments de l'art de ces villes, comme dans les vases étrusques qui en proviennent, des éléments distincts qui rappellent ceux de la Grèce aux VIe et VIIe siècles avant notre ère. Il advint donc que les Romains trouvant l'art implanté chez les Etrusques, les appelèrent dans leur métropole et leur confièrent les ouvrages qui réclamaient un talent qu'ils n'avaient pas et pour lequel ils se trouvaient fort peu de goût.

Toutefois, après que le peuple romain eut dévasté le monde ancien et qu'il l'eut soumis à ses lois, après qu'il se fut éclairé au foyer de civilisation des peuples chez lesquels la peinture était en honneur, il s'écoula près de quatre siècles pendant lesquels les arts restèrent à l'état d'oubli. N'ayant pour les beaux arts qu'une médiocre estime, les Romains se gardèrent bien de les cultiver eux-mêmes. Tout au plus formaient-ils des esclaves dont ils employaient ensuite le talent à décorer leurs temples, leurs édifices et quelques maisons de particuliers. Cependant vers l'an 450 après la fondation de Rome, on vit un *Fabius* étudier la peinture et l'exercer noblement, dévouement qui lui valut le surnom de *Pictor*. Ce fut lui qui décora de ses œuvres le Salus, temple du Quirinal ; et on y admira ses peintures jusqu'au moment où un incendie détruisit le sanctuaire à l'époque du faible Claude.

Après Fabius, et nonobstant l'exemple qu'il avait donné, cinquante ans s'écoulèrent sans que la peinture fit de nouveaux adeptes. Mais après ce laps de temps un poète tragique, *Pacuvius*, s'arma de la palette et des pinceaux vec lesquels il décora un temple d'Hercule, sur le Forum Boarium de la ville éternelle. Vint alors un autre artiste romain, le chevalier *Turpilius* qui, privé du bras droit, peignait de la main gauche, et se rendit célèbre dans toute l'Italie par les peintures que Vérone lui vit produire.

On était encore à l'époque des empereurs que l'art était encore aux mains, sinon des esclaves, au moins des citoyens de basse extraction. Mais, sous Auguste, on parla bientôt de marines, de paysages et de perspectives animées par des figures que créait un certain *Marcus Ludius*. De ce moment les Romains se prirent à rechercher les peintures dont le nouvel amateur de l'art enrichissait les murs des villes et des palais. Ce qui rendit encore plus grande sa renommée fut qu'ayant décoré l'un des temples de la ville d'Ardée, les habitants, émerveillés, le récompensèrent en lui donnant le droit de bourgeoisie. Aussi de la capitale du monde aux confins de l'empire on vanta ses vues de forêts, de ports, de collines et de fleuves, que des colons, des pêcheurs, des jeunes filles et des divinités animaient de scènes héroïques ou pastorales.

Alors régna sur l'univers vaincu l'empereur artiste, Néron, le terrible Néron, et, avec lui, vint appeler l'attention du monde un Romain vêtu de la toge qu'il ne quittait même pas dans son atelier, l'habile et sévère *Amulius*, homme aussi distingué par sa condition que remarquable par son talent, et que Pline appelle cependant *humilis rei Pictor*. Amulius peignit une Minerve dont il fit les yeux de telle sorte qu'elle considérait le spectacteur quelque part qu'il se plaçât. Mais Amulius dut surtout sa gloire aux magnifiques peintures dont il décora la Maison d'or du tyran de Rome! En outre, il imagina de peindre Néron sur une toile de 125 pieds de surface. Malheureusement la fureur du peuple à la mort de Néron et la foudre du ciel détruisirent ces grandes œuvres d'Amulius.

Sous Vespasien, le prêteur et proconsul de la Narbonnaise, *Antistius Lubo,* peignit de médiocres tableaux dont il était très fier, nonobstant les satires de l'opinion publique.

Puis Vespasien ayant terminé le temple de l'honneur et de la vertu, *Cornelius Pinus* et *Accius Priscus* l'ornèrent de leurs peintures.

Il n'y eut plus alors, et à Rome, et à Pompeï, et dans toutes les villes de l'Italie, de temples, de portiques, d'atria, de palais de ville et de maisons des champs qui ne fussent décorées de peintures, de mosaïques, d'ornements plus ou moins délicats en statues, bronzes, et stucs. Mais quand les douze césars eurent quitté le grand théatre de Rome l'art sembla s'éteindre et perdre de la haute perfection à laquelle il était parvenu. Et quand Constantin, délaissant Rome pour Byzance, se fit suivre des artistes les plus fameux, et de leurs chefs-d'œuvre les plus remarquables, l'art dégénéra très-rapidement en Italie.

D'ailleurs commença l'ère des dévastations et du vandalisme. Non-seulement, dans leurs invasions répétées, les Barbares détruisirent les plus beaux modèles de l'art, mais après eux les iconoclastes ou briseurs d'images effacèrent avec fureur les peintures païennes, fracassèrent les sculptures et les statues mythologiques, et détruisirent les effigies des faux-dieux, pêle-mêle avec les images des saints, les bustes des héros. Puis Totila brûla Rome, et toutes les traces des modèles de l'art furent anéanties.

Heureusement alors la terre se couvrait de monastères où le vrai Dieu voyait son culte fleurir. Ce fut là, sous les arceaux de ces cloîtres, que l'art vint prendre asile. Non-seulement il s'y conserva pendant de nombreuses années pur et intact, mais le feu sacré de l'intelligence et du travail lui donna un développement tel, qu'au XII siècle, quand cessèrent les tempêtes du moyen-âge, il surgit tout à coup glorieux et triomphant, reprit son essor et commença bientôt à couvrir le monde de ses plus nobles, de ses plus merveilleuses et de ses plus saintes inspirations. Alors des cathédrales s'élevèrent de toutes parts ; alors la mosaïque étale ses prodiges, la peinture ses miraculeux effets de vie, de puissance et de richesse; la sculpture, la statuaire, l'architecture, leurs splendeurs et leurs gloires. Pas un peuple qui n'enfantât des artistes; pas un artiste qui ne marchât vers le progrès. Chaque ville eut ses pléiades d'hommes fameux, observateurs, savants génies, étudiant l'art sous toutes ses phases.

De ce moment naquirent les diverses écoles qui allaient rivaliser d'efforts, de grâce et de perfection

—

En peinture, comme en sculpture et en architecture, *Ecole* est un mot adopté pour classer les artistes des différents pays ou pour désigner la réunion des artistes qui ont appris leur art d'un même maître, ou bien qui ont suivi les principes donnés par le premier fondateur de l'école, car on dit indifféremment *l'école de Bologne*, parce qu'elle fut fondée dans cette ville, ou l'école des Carraches, parce que ce sont eux qui en furent les premiers maîtres, et que leurs principes s'y propagèrent. La ville natale d'un artiste n'est qu'une présomption et non un motif déterminant pour le placer dans l'école de son pays. Quelquefois on s'est moins conformé au lieu de naissance qu'à l'éducation, au style, même à la résidence qu'il choisit et aussi aux élèves qu'il forma. Ces circonstances, il est vrai, peuvent être modifiées au point que plusieurs écoles pourraient également revendiquer le même peintre; mais il s'est établi un usage auquel ordinairement on doit déférer.

Les grandes écoles portent le nom des contrées où les peintres ont exercé leur art. Ainsi on dit, *l'école italienne, l'école allemande, l'école flamande, l'école hollandaise et l'école française.* On doit commencer naturellement par *l'école byzantine,* antérieure à toutes les autres, et qui a donné des maîtres à l'Allemagne et à la Flandre comme à l'Italie, puis finir par *l'école d'Angleterre,* qui s'est formée depuis près d'un siècle, et qui a un caractère particulier.

Ces écoles se subdivisent ensuite, et dans l'école italienne, on doit distinguer les écoles florentine, romaine, vénitienne, lombarde ou bolonaise, génoise et napolitaine. L'école espagnole, que souvent on classe avec l'école napolitaine, mérite assurément bien d'être citée d'une manière particulière. L'école allemande a peu de divisions, et leur caractère n'est pas facile à apercevoir; on cite pourtant l'école de Nuremberg et l'école de Cologne. Depuis quelques années, on connaît aussi l'école de Dresde et l'école de Dusseldorf. Les écoles flamande et hollandaise n'ont aucune division, et l'école française n'en a pas d'autres que celles des noms des maîtres : aussi on dit : les écoles de Vouët, de Lebrun, de Vien, de David, de Girodet, de Legros, etc. Un aperçu des caractères de ces différentes écoles, ainsi que des maîtres les plus remarquables dans chacune d'elle les fera mieux apprécier.

ÉCOLE BYSANTINE.

Il y a peu de choses à dire sur cette école, qui fut fondée par des artistes réfugiés de ce pays après la prise de Constantinople. Il reste peu de travaux de ces anciens peintres; cependant on cite, dans le XI° siècle, un moine nommé Lazare, à qui l'empereur Théophile, protecteur des iconoclastes, eut la barbarie de faire brûler les mains pour le punir d'avoir orné des manuscrits de miniatures représentant des sujets saints. Dans le XI⁰ siècle, on trouve un Emmanuel Transfurnari, peintre grec, dont on possède, à la bibliothèque du Vatican, un tableau représentant la mort de saint Ephrem; puis un moine de Luca, artiste qui probablement est l'auteur de ces madones souvent attribuées à l'évangéliste saint Luc. Enfin, dans le XIII⁰ siècle, on parle de peintures faites par un artiste grec, du nom d'Apollonio, et d'une présentation de Jésus-Christ au temple, tableau peint sur bois par un peintre grec nommé Jean.

ÉCOLE FLORENTINE.

—

L'ecole florentine est la plus ancienne des écoles d'Italie; c'est à elle que revient la gloire de la régénération de la peinture. Sans remonter jusqu'à Margaritone et Bartholomeo, nous citerons d'abord Jean Cimabué, qui franchit les limites de l'école bysantine et qui le premier consulta la nature ; c'est encore à lui que l'on doit le célèbre Giotto, dont il devina le talent en voyant une brebis, que ce jeune pâtre avait tracée sur une pierre.

C'est à cette époque que l'école florentine prend son essor et qu'elle produit les Buonamico, dit le *Buffalmaco,* les Orcagna, les Memmi les Brunelleschi, les Lippi et Dominique Ghirlandajo, qui produisirent à leur tour les talents si remarquables de Léonard de Vinci, Michel-Ange Buonarrati, Baptiste Franco, Jules Clovio, Daniel Ricciarelli, Fra Bartholomeo de Saint-Marc, André Vanucci, dit André del Sarto. Le caractère distinctif des peintres de cette époque, la plus brillante de l'école florentine, est une grande pureté dans le dessin, de l'élégance dans la pose des figures, et dans l'expression une certaine austérité, qui peut-être exclut la grâce, mais donne aux figures une majesté idéale qui semble élever l'art au-dessus même de la nature humaine.

Plus tard, l'école florentine commença à décroître ; cependant on doit citer encore les noms de Georges Vasari, Alexandre Casolano, Antoine Tempesta, Christophe Allori, Jean-Paul Panini, habile paysagiste, après lequel on citerait difficilement des artistes qui aient conservé quelque chose du caractère de cette école.

ÉCOLE ROMAINE.

—

Lauzi fait remonter cette école jnsqu'au XIIIe siècle. Parmi les artistes de cette époque, il cite Urgolino d'Orviette, Pierre de la Francesca ; mais leurs ouvrages sont si peu connus qu'elle ne date en réalité que de Pierre Vanucci, dit *Perugin*, qui, élève de Pierre de la Grancesca, alla perfectionner son talent dans l'école florentine, puis revint travailler à Rome.

Pierre Vanucci eut un assez grand nombre d'élèves : leurs noms sont peu connus, à l'exception cependant de Bernardino Pinturricchio et surtout du divin Raphaël, qui certes fut la plus grande gloire de son maître.

Comme ses compagnons d'études, il suivit les traces qui lui étaient indiquées, mais ensuite il prit une autre route, et c'est lui qui donna véritablement le caractère à l'école romaine.

Après Raphaël on doit citer, comme ayant honoré l'école romaine, d'abord ses élèves, parmi les quels se trouvent Jules Romain, Jean François Penni, Perin del Vaga, Jean de Udine, Polidore de Caravage, Bonaventure Tisi, dit le Garofalo, et Gaudenzio-Ferrari. D'autres peintres célèbres de cette même école sont Frédéric et Thadée Zuccaro, Nicolas Circiguani,

Jérôme Muziano et Frédéric Barroche. On vit ensuite Joseph Cézari, plus connu sous les noms de *Josépin* ou le *Chevalier d'Apinas*. Cet artiste, avec du génie et du talent, négligea l'étude du dessin. Michel-Ange Amerigi, dit le *Caravage*, en suivant une marche opposée à celle de Joseph d'Arpinas, c'est-à-dire, en cherchant à rendre la nature, négligea l'étude des statues antiques, ce qui avait été le caractère distinctif de l'école romaine.

Arrivée à la fin du XVIIe siècle, l'école romaine, comme les autres écoles, perdit tout son lustre. Carlo Muratti ne sut pas rappeler à la sévérité des principes, et après lui il ne reste plus d'artistes dont les travaux méritent d'être placés près de ceux de leurs prédécesseurs. On parle cependant avec intérêt de Jean-Marie Morandi, Pierre Nelli, Jean-Baptiste Gaulli, et enfin Raphaël Menghs, qui eut l'honneur d'opérer à Rome une révolution semblable à celle que Vien fit à Paris vers la même époque.

ÉCOLE VÉNITIENNE.

Les relations fréquentes de cette ville avec l'Orient y amenèrent de très-bonne heure une foule d'artistes et d'ouvriers mosaïstes qui tous appartenaient à l'école de Byzance; mais dès le XIIe siècle on voit Jean de Venise et Martinello de Bassano exercer la peinture. Le cerceuil de sainte Julienne, morte en 1262, offre la figure de la sainte accompagnée de saint

Blaise, abbé, et de saint Cataldo, évêque. Le style de la peinture n'a rien du caractère bysantin. On cite encore dans le XIVe siècle les noms d'Esegrenio et Alberigo, et enfin on connaît un tableau peint en 1381 par Etienne Pie rano. La présence de Giotto, qui fit un voyage à Padoue en 1366, développa peut-être le goût des arts, puisque Padoue et Vérone offrent dans leur histoire les noms de plusieurs peintres dont les travaux sont presque tous perdus maintenant. On cite encore plusieurs noms d'artistes du XVe siécle dont les noms et les travaux sont peu connus; cependant il s'en trouve de fort remarquables, qui font partie de la bibliothèque de Berlin.

Mais ici commence la brillante époque de *l'école vénitienne.* Déjà l'usage de la peinture à l'huile était trrasporté dans ce pays. C'est alors qu'apparaissent Jean et Gentil Bellini et Benoît Montagna, qui furent bientôt surpassés par Georges Barbarelli, dit *Georgion,* Tiziano Vecelli, plus généralement nommé *Titien,* puis Sébastian del Piombo, Jacques Palme, Paul Caliari, dit Paul Véronèse, André Schiarone, Jacques Robusti, dit *Tintoret,* Jacques da Ponti, dit *Banan.* Ces génies d'un ordre supérieur, non-seulement éclipsèrent tous ceux qui les avaient précédés, mais ôtèrent encore à leurs successeurs l'espoir de jamais les atteindre. Leur coloris fut le plus vrai, le plus brillant, le plus applaudi de tous ceux que l'on distingue dans nos écoles, mérite qu'ils léguèrent en héritage aux peintres qui les rémplacèrent, et qui constitua le caractère le plus décidé des maîtres vénitiens. Mais cette ère de gloire ne dura pas plus d'un siècle. Ainsi que dans les autres écoles, on vit bientôt la décadence de la peinture dans l'école vénitienne.

Parmi les nombreux artistes qui vécurent alors, les plus en renom furent Jean-Baptiste Novelli, Charles Ridolfi, Alexandre Varotari, Jules Capioni, Pierre Libéri, Jean Baptiste Tiépolo. Ce dernier surtout, par la fécondité de son génie, par la prestesse de son exécution, et par une couleur toujours brillante, semble avoir voulu redonner à l'école vénitienne un second Tintoret. C'est aussi à cette époque que vécut la célèbre Rosa Alba Carriera, si renommée dans toute l'Europe, sous le simple nom de *Rosalba*, et dont on trouve dans beaucoup de cabinets de très-beaux portraits au pastel avec une grâce, une vigueur et un goût véritablement merveilleux.

ÉCOLES LOMBARDES.

—

Les peintres lombards, dit Lauzi, n'ont pas ce caractère d'unité qui distingue les autres écoles; aussi il n'a pas été trouvé convenable de traiter en un seul chapitre des artistes auxquels on reconnaît autant de diversité dans leur manière de peindre qu'il y avait de différence, dans le gouvernement de leur pays. On a donc groupé les noms d'artistes qui pourraient être divisés sous les titres d'*écoles de Mantoue*, de Modène, de Ferrare, de Parme, de Crémone, de Milan et de ologne. Dans l' école de

Mantoue on trouve en première ligne André Montigna, natif de Padoue; il alla de bonne heure travailler à Mantoue, et y fonda une école.

Passant à l'*école de Modène*, on nomme d'abord un certain Thomas, auteur d'une vierge entre deux guerriers qui fait partie de la galerie de Venise, et d'un tableau représentant plusieurs saints de l'ordre des Dominicains avec la date de 1352. On voit à Albe deux autres tableaux peints dans le goût de Giotto ; l'un est de Barnabé et porte la date de 1377 ; l'autre, daté de 1500. Plus tard on vrit briller Nicolo Abati, qui vint en France sous Charles IX et travailla à Fontainebleau. Hugo da Carpi trouve ici sa place, moins comme peintre que comme graveur, puisque c'est à lui que l'on doit l'invention des gravures en camaïeux. Les derniers qui méritent d'être cités sont ceux de Louis Lana et de François Stringa, qui imitèrent le Guerchin.

On fait remonter l'origine de l'*école de Ferare* jusqu'à l'an 1193, où vivait un Jean Alighieri, à qui l'on attribue plusieurs miniatures faites sur un manuscrit de Virgile, mais ce fait est douteux. On peut avec plus certitude parler de Galano-Galassi, qui, en 1404, fit plusieurs sujets de la passion pour orner l'église de Mezzaralta à Bologne. D'après le style qui le distinguait, Lauzi croit que Galassi l'avait apporté de sa patrie. Vint ensuite Antoine de Ferrare, dont les nombreux et beaux ouvrages, suivant l'expression des historiens, ont tous été détruits. Alphonse d'Este, premier du nom, est aussi le premier duc sous lequel l'école de

Ferrare acquit une grande gloire. On y voit, en effet briller Benevenuto Garofalo, Dosso, et Jean-Baptise Dosso, Bastien Filippi, Sigismond Scarsella, Camille Ricci; mais cette haute prospérité dégénéra avec la fin du siècle. La renommée des Carrache vint cependant relever le goût des bonnes études, et une académie fut formée à Ferrare par les soins du cardinal Riminaldi, qui, nouveau Mécènes, mérita la reconnaissance de ces concitoyens.

L'*Ecole de Parme* ne remonte guère qu'à l'année 1462. On trouve à cette époque deux tableaux attribués à Barthélemi et à Jacques Loschi, son gendre; mais bientôt apparaît Antoine Cor.ège, dont le talent immense suffit pour donner la célébrité à une école. Les noms de Lanfranc et de Badalocchi sont les seuls que l'on puisse citer après lui comme ayant conservé quelque mérite réel au milieu de la fougue et de la négligence que l'on remarque dans leurs grandes compositions.

Dans l'*Ecole de Crémone* on ne trouve aucun tableau antérieur à la renaissance; mais l'histoire a conservé les noms de Simone, qui peignait une sainte Claire en 1335 ; de Polidore Casella, qui travaillait en 1345; d'Ange Bellavita, en 1420 ; de Jacopino Marasca et de Lucas Sclava, vers 1420 ; puis de François Sforza, en 1477. Parmi ceux qui suivirent, nous mentionnerons particulièrement les Campi, Jules, Antoine et Vincent, qui, comme les Carrache, fondèrent une école.

La capitale de Lombardie eut une école particulière qui porte le nom d'*Ecole milanaise*.

Elle dut naturellement participer de l'*Ecole florentine*, puisque Giotto y travaillait en 1335, et que c'est après son séjour que l'on trouve, en 1377, un peintre nommé Jean de Milan et un Pierre de Novare, un Michel de Roucho, qui travaillait dans la cathédrale de Milan dans les années 1375 et 1377, puis enfin Edesia et Laodicée, dont les noms sont grecs, et que, pourtant, ont croit originaires de Pavie. Dans le xive siècle, on trouve un Jacques Morazzone, qui fit, en 1441, une *Assomption de la Vierge*. Lomazzo, en parlant de l'état des arts à cette époque et dans ce pays, dit que :

— « Comme le dessin est le talent propre des Romains, et que le charme du coloris appartient aux Vénitiens, de même la perspective est la qualité distinctive des Lombards. »

Le seul peintre qui mérite d'être cité parmi ceux qui travaillèrent à Milan, fut Bramante, si célèbre comme artiste, et qui fit dans cette ville plusieurs tableaux dans le goût de Montegna.

A la fin de ce même siècle se présente encore Ambroise Borgognom, qui peignit l'histoire de saint Sisinio et de ses compagnons, martyrs.

C'est à cette époque que Léonard de Vinci fut appelé à Milan, et qu'il fut mis à la tête de l'école de dessin qui produisit Bernard Lorino, généralement nommé *Luini*, et, pendant le XVIe siècle, Gaudenzio Ferrari et André Solari.

Une nouvelle académie fut établie à Milan en 1809. Les trois frères, Hercule, Camille,

Jules-César Procaccini et Charles-Antoine la dirigèrent, en donnant aux études un nouveau caractère puisé dans les travaux du Corrége. Daniel Crespi sortit de cette école; il paraît le dernier artiste remarquable. Après lui, elle ne peut se défendre de la dégénération dont les arts furent affectés dans toute l'Italie.

L'*Ecole piémontaise*, n'ayant point de caractère qui lui soit propre, et dépendant en quelque sorte de celle de Milan, parce que les artistes ont appartenu successivement à ces deux pays, il n'en sera fait qu'un simple mention. L'artiste que l'on peut citer comme le plus ancien de ce pays est Georges Solari, natif d'Alexandrie, qui, en 1573, fit un tableau de la *Vierge* avec l'*enfant Jésus* accompagné de *saint Laurent*; il se voit aux Dominicains de Casale. Peu après lui, furent peintres de la cour, Jacques Rosignoli et Isidore Caracca. Guillaume Caccia, dit le *Moncalvo*, se fit remarquer par de nombreux travaux. Viennent enfin Agnelli et Tesio, qui travaillèrent aussi pour la cour de Turin.

L'*Ecole bolonaise* semble être le complément, on pourrait même dire le point le plus saillant de l'*Ecole lombarde*. Si on cherche dans les temps reculés, on trouve un nombre assez considérable de madones peintes dans le XIIIe siècle. On cite Guido, Ventura et Ursone, comme en ayant fait plusieurs. Dans le siècle suivant, on trouve encore d'autres peintures conservées à l'institut de Bologne, au palais Malvesi, et chez les Pères Classensi, à Ravène. Un peu plus tard, on trouve le nom de

Oderigi de Gubbio, cité dans le Dante, puis son élève Franco, le premier des peintres bolonais qui ait enseigné son art à une multitude rassemblée; et que l'on peut, par cette raison, considérer comme le Giòtto de son pays. Parmi les élèves de Franco, Malvasia fait remarquer Vitale, Simone, Jacopo et Cristoforo, parmi les peintures desquels on voit la madone de Mezzaratta. Vient ensuite François Raibolini, dit *Francia*, qui fut le maître de Marc-Antoine. C'est à Francia que Raphaël adressa son tableau de *sainte Cécile*, en lui demandant d'y corriger les défauts qu'il y découvrirait, acte de modestie, fort singulier sans doute, mais qui fait voir aussi la haute estime que Raphaël avait pour le talent de Francia; mais aucun n'acquit la célébrité de son maître : l'Ecole alors changea de caractère et tendit vers la décadence.

L'époque la plus brillante pour l'Ecole bolonaise est celle où parut Louis Carrache.

— « Il est vrai, dit M. Coindet, dans son Histoire de la peinture en Italie, que son éclat est tout d'emprunt ; elle ne le doit ni à l'inspiration, ni à l'originalité, mais à l'imitation. Quelque grands qu'ils soient comme artistes, les Carrache n'ont pas été des esprits créateurs. Ils n'ont pas cette puissance du génie qui trouve en lui-même ses éléments, qui vit de sa propre vie, la plus rare et la plus noble faculté de l'intelligence. »

Cet artiste se forma en étudiant les plus grands maîtres à Rome, à Florence, à Parme et à Venise, et forma d'abord ses deux cousins, Augustin et Annibal Carrache. Jean Lanfranc fut aussi un des élèves de l'école de Carrache. Après lui viennent Lionello Spada, François Brizio, Charles Léoni, Charles Lignani, puis les paysagistes Diamantini et Grimaldi. L'Ecole ensuite ne fit plus que décroître, et bientôt elle arriva comme toutes les autres à une décadence complète.

L'*Ecole génoise* ne remonte pas aussi haut que la plupart des autres ; cependant on trouve le nom de François d'Oberto sur un tableau portant la date de 1368. Il représente la Vierge entre deux anges, et est placé dans l'église de Saint-Dominique, à Gênes. On connaît aussi quelques tableaux, faits dans le XVe siècle, par Jacques Manone, Tuccio d'Andria, et enfin Louis Brea, dont les ouvrages ne sont pas rares à Gênes, et qui y travailla de 1483 à 1515. Il est considéré comme ayant fondé une école, d'où sortirent Charles de Montegna, Aurel Robertelli, Nicolas Corso, qui fit, en 1503, un tableau dont le sujet est tiré de la Vie de saint Benoît ; André Morellino, Fr.-Laurent Moreno et Fr.-Simon de Carnuli, qui, en 1519, fit pour son couvent de Votri deux grands tableaux, dont l'un représente l'Institution de l'Euchariste, et l'autre la Prédication de saint Antoine.

Les malheurs occasionés par le sac de Rome, en 1528, amenèrent à Gênes Périn del Vaga, éléve de Raphaël, et qui devint le chef de l'école génoise. On vit briller ensuite Lucas Cambiaso, souvent nommé *Cangiage*, Benoît Castiglione, Bernardi Castello, Jean-Baptiste

Paggi, qui, en 1606, peignit un massacre des innocents en concurrence avec Rubens et Van Dyck. Ce peintre forma aussi un grand nombre d'élèves, qui parcoururent l'Italie, et firent perdre en entier à l'école génoise le caractère particulier qu'elle aurait pu avoir. Les plus remarquables sont Valerio Castello, Dominique Piola, Jean-Baptiste Carlone, Bernard Strozzi, désigné ordinairement sous le nom de *Capucin*, et enfin Raphaël Soprani, moins célèbre par ses tableaux que par sa biographie des peintres génois.

ÉCOLE NAPOLITAINE.

D'après quelques auteurs, l'école napolitaine, que l'on place la dernière, n'aurait été que la prolongation de l'ancienne école grecque, qui a produit tant de vases peints si remarquables par leur beauté, tant de médailles dont les têtes ont un si beau caractère; on prétend même démontrer qu'il n'y a point eu d'interruption parmi la succession des artistes, et l'on cite des madones faites dans le xie siècle, tandis que dans toutes les autres contrées de l'Italie les beaux-arts étaient, non pas dans la barbarie, mais dans un oubli complet.

Dans le XIVe siècle, on peut avec raison citer le peintre Simon, qui jouit d'une grande réputation à Naples, et qui travailla pour diverses églises. Mais le vrai fondateur de l'école napolitaine est certainement Antoine Solario, plus connu sous le nom de *Zingaro*. Il convient de placer ici le nom d'Antonello de Messine, artiste d'un grand mérite, et dont la célébrité augmenta encore par l'empressement qu'il mit à aller en Flandre apprendre de Van Eyck la manière de peindre à l'huile, et par le soin qu'il mit à répandre en Italie cette nouvelle méthode. On vit ensuite paraître Pierre et Hippolyte de Donzello, puis Bernard Tesauro, qui montra plus de sagacité dans ses inventions, plus de naturel dans ses figures et dans ses draperies que ne l'avaient fait jusqu'alors ses prédécesseurs.

Au XVIe siècle, André Sabbatini, natif de Salerne, donna un nouvel élan à la peinture. Après lui parurent François Curia, François Imparato, Pirro Ligorio et Jean-Bernard Azzolini. Plus tard on vit briller Salvator-Rosa, Corenzio, et Jean-Baptiste Carraciolo, imitateur des Carrache, Cozza, Antoine Ricci, de Messine, et Pierre del Po, de Palerme, ainsi que sa fille, Thérèze del Po, et enfin Mathias Preti, qui imita la manière de Guerchin.

Vers le milieu du XVIe siècle parut un artiste d'un grand mérite, Lucas Giordano, surnommé *Frapestò*. Le dernier peintre de cette école est François Solimène, qui fit un grand nombre de tableaux et de grandes fresques.

ÉCOLE ESPAGNOLE.

L'école espagnole eut des subdivisions sous les noms *d'école de Valence, école de Madrid, école de Séville.* L'origine de l'école espagnole ne remonte guère qu'au xie siècle, et encore, à cette époque, on trouve peu de peintres dont les noms soient généralement répandus. Le seul artiste que l'on puisse désigner dans ce siècle est Pierre Beragette, qui travaillait à

Avila en 1497. Sa manière est celle de Pierre Pérugin. On le croit maître de Ferdinand Gallegos, qui naquit à Salamanque. Il fit pour la chapelle de Saint-Clément un tableau regardé comme son chef-d'œuvre et représentant la *Vierge et l'enfant Jésus* accompagné de saint André et de saint Christophe. Ces premiers peintres imitèrent strictement la nature, mais leur dessin n'offrit jamais la correction de ceux des peintres italiens, parce que, comme eux, ils n'avaient pu se former à l'étude des statues antiques.

Dans le XIVe siècle, nous voyons des artistes plus célèbres, tels que Vincent Joanès, chef de l'école de Valence ; Louis de Vargas, Moralès et Coello. Après eux vinrent François Herrera, Jean Fernandès Navarette dit le *muet*, parce qu'une maladie le rendit tellement sourd dans son enfance, qu'il perdit l'usage de la parole; Velasquez, fondateur de l'école de Madrid, Alfonse Cano, François Zurbaran, Pierre Moya, et enfin le célèbre Etienne Murillo, qui donna naissance à l'école de Séville.

La décadence se fit bientôt sentir; et parmi les peintres de la fin du XIIe siècle, c'est à peine si l'on peut trouver à citer les noms de Palomino, de Tobar.

ÉCOLE ALLEMANDE

On trouve dans l'école allemande deux subdivisions : *l'école de Nuremberg et l'école de Cologne,* qu'on n'a pas cru devoir séparer parce que leur style n'a pas de caractère assez distinct pour les faire reconnaître avec facilité. Les plus anciens peintres de l'Allelmagne furent, comme les Italiens, enseignés par des artistes byzantins que la guerre avait chassés de Constantinople ; mais n'ayant pas, comme les Italiens, cette quantité de statues antiques pour les mettre à même d'aprécier la pureté du dessin et leur enseigner l'art de bien jeter les draperies, ils ne cherchèrent qu'à imiter la nature. Aussi toutes leurs figures ont-elles quelque raideur dans leurs poses, les membres presque toujours de la maigreur. Les vêtements, conformes à ceux qui étaient en usage au temps où vivaient les peintres, ont des plis aigus et mesquins; les têtes sont toutes des portraits; l'expression cependant est toujours remarquable par son extrême naïveté. Il reste peu de tableaux des commencements de l'école allemande; cependant il s'en trouve trois fort curieux dans la galerie de Vienne : le plus ancien fût peint en 1297, par Thomas de Mutina; le second, par Nicolas Wurmuser, de Strasbourg, dans l'année 1467. Le troisième fut fait dans la même année par Théodoric de Prague, et représente saint Ambroise et saint Augustin. Ce n'est plus qu'à la fin du XVe siècle que se présentent d'assez nombreux tableaux, peints avec le plus grand soin par Martin Schougarner, longtemps désigné sous le nom de Martin Schoen ou le *beau Martin;* par Israël Van Mecken, par Wenceslas d'Olmultz, et par Mair; puis arrive enfin Albert Durer, véritable chef de l'école allemande, qui, par ses vastes connaissances, et par son immense talent, se plaça au premier rang de l'école. Après Albert Durer, on trouve Lucas de Cranach, Michel Wolgemuth, Mathieu Gruenwald, Jean Burgmair, Georges Pentz, Albert Aldorffer, Henri Aldegraver, Hans-Sebald et Barthélémy Béham. On ne doit pas oublier Jean Holbein, qui passa en Angleterre.

La peinture prit un tel developpement dans le XVIe siècle que l'on trouve une foule d'artistes de mérite, parmi lesquels se firent remarquar Christophe Schwartz, Pierre de Witte, Jean Van Achen, Rottenhammer, Elsheimer, puis, dans le siècle suivant, Henri Roos, Gérard Lairesse, Rugendas et Ridinger.

Plus tard viennent Dietrich et Weisrtter, puis Antoine Raphaël Menghs. Enfin arrivent en dernier lieu Angélique Kaufmann, Antoine Graff, Tischbein, Freudenberger, Mechan, Hackerh

ÉCOLE FLAMANDE.

—

L'histoire ne donne aucun renseignement positif sur le commencement de l'*école flamande*. Bien qu'on trouve dans diverses églises quelques anciens tableaux qui méritent d'être considérés, on ne connaît le nom d'aucun peintre plus ancien que Hubert et Jean, natifs du village de Maës-Eyck, et que, par cette raison, on a ordinairement désignés sous les noms de Van Eyck. Jean Van Eyck naquit en 1370 et fut, dit-on, l'inventeur de la peinture à l'huile. Le tableau le plus célèbre de ce maître est celui qu'il fit de 1420 à 1432, pour décorer le maître autel de la principale église de Gand, aujourd'hui Saint-Baron. Il est divisé en plusieurs parties avec des volets et représente au milieu, en haut, le Père Eternel, avec la Vierge et saint Jean-Baptiste à ses côtés. Sur les volets sont peints des groupes de musiciens, puis Adam et Eve. Au-dessous est une grande composition représentant l'agneau de l'apocalypse. Les volets offrent différents sujets pieux. Il est impossible de voir une peinture plus rigoureuse, plus brillante et d'un plus bel effet; l'expression de chaque sujet est admirable et très-variée; tous les détails sont rendus avec un soin véritablement surprenant. Les noms des élèves de Van Eyck ne sont pas connus, mais, un peu après lui, on vit fleurir, à Bruges, Jean Hemmelinck, dont le chef-d'œuvre est un tableau de la nativité, qu'il fit, en 1479, pour l'hôpital de Saint-Jean de Bruges en reconnaissance des soins qu'il y avait reçus.

C'est vers le même temps que vécut Quentin Metsis, si célèbre sous le nom du *maréchal d'Anvers*. Enfin, parurent dans le XVIe siècle Jean Mabuse, Jean Schorel, Michel Coxie, Lambert Suavins, Franc-Floris, Martin de Vos, Jean Stradan et Pierre, né à Breughel.

A la fin de ce même siècle, on vit l'école flamande briller de son plus grand éclat, puisque c'est alors que vécut Rubens. En même temps parurent Snyders, Gaspard de Crayer, Gérard Seghers, Corneille Schut, Sneyers, Van Dyck, Diepenbeek et Téniers.

ÉCOLE HOLLANDAISE.

—

L'origine de l'école hollandaise serait aussi difficile à bien apprécier que celle de l'école allemande ; cependant on trouve avant 1400 le peintre Albert Van Owater, né à Harlem; il fit un tableau représentant saint Pierre et saint Paul en grandeur naturelle; Thierry, aussi de Harlem, qui peignit, en 1462, un tableau représentant Jésus-Christ, avec saint Pierre et saint Paul; Corneille Enghelbrechtsen, né à Leyde, et qui, le premier, dans sa patrie, fit usage de la peinture à l'huile. C'est lui qui fut en quelque sorte le Père de l'école hollandaise.

Les tableaux des peintres de cette école sont remarquables, surtout, par une parfaite intelligence du clair obscur, une couleur aussi brillante que vraie, et un fini des plus précieux, sans arriver pourtant à la sécheresse. Parmi les peintres qui brillèrent d'abord, on doit mettre en première ligne Lucas, né à Leyde, digne émule d'Albert Durer. Un tableau dans le quelil paraît s'être surpassé est celui qui représente *la guérison de l'aveugle de Jéricho*. Viennent ensuite Martin Heamskerke, Théodore Bernard, Henri Goltzius, Octave Van Veen, plus connu sous nom le d'Otto-Vénius, et qui eut la gloire d'être le maître de Rubens; puis Corneille de Harlem, Abraham Bloemaert, Gérard Honthorst, et enfin Rembrandt, digne à lui seul d'honorer un pays, qui n'a imité personne et que personne n'a pu atteindre.

Pour bien faire connaître les maîtres de l'école hollandaise il est bon de réunir ici ceux qui se sont occupés de la peinture du paysage et des animaux Parmi eux, on distingue Polembourg, Jean Bath, Pierre, né à Laaren, et dit Pierre de Laoer; Wouwermans, Berghem, Ruysdael, Paul Patter et Van de Velde. Après cela vient une classe de peintres recommandables par le soin extrême et le fini précieux de leurs tableaux, presque tous d'une petite dimension. Le premier en ligne se présente Gérard Don, Gérard Terburg, Gabriel Metzu, François Miéris, et enfin Adrien Van der Werf. Guillaume Brawer et Jean Van Steen terminent la revue de cette école.

ÉCOLE ANGLAISE.

L'école anglaise ne peut remonter bien haut. Ce n'est que dans le XVIIe siècle qu'apparaissent quelques artistes anglais. On nomme parmi eux François Cleyu et Guillaume Dobson. On classe aussi dans cette école deux peintres nés en pays étrangers, mais qui résidèrent toute leur vie en Angleterre, et obtinrent une grande réputation : l'un est Pierre Lely, qui, né en Westphalie, apprit la peinture en Hollande ; l'autre, Godefroy Kneller, né à Lubech, et qui se forma à l'école de Rembrandt. Ces deux peintres se contentèrent de peindre des portraits, tandis que Jacques Thornhill fut bien certainement le premier qui peignit l'histoire avec un véritable génie.

A peu près à la même époque, parut *Guillaume Hoyarth*, qui ne se distingua que par des caricatures et par des tableaux de mœurs dont la couleur n'a pas autant de mérite que la composition. Un peu plus tard, on vit paraître Josué Reynolds, Benjamin West, Henry Fuesly, Gavin Hamilton, et enfin, depuis peu d'années, Thomas Lawrence, Jean Burnet et David Wilkie.

ÉCOLE FRANÇAISE.

—

L'école française non plus n'offre pas des traces fort anciennes; cependant, l'académie de Saint-Luc fut établie à Paris le 12 août 1394, et on trouve encore dans quelques anciennes églises de France des parties de muraille couvertes de compositions peintes à la détrempe, et qui représentent des paraboles de l'Evangile ou des emblèmes moraux sur l'état des bons et des méchants, soit dans cette vie, soit dans l'autre. Les noms des auteurs de ces peintures ne sont pas connus. Elles n'ont aucun rapport de goût et de manière avec les tableaux des écoles florentine, flamande ou allemande; elles n'offrent ni un dessin pur comme les premières, ni une couleur vive comme les autres. On suppose que les artistes qui ont fait ces travaux étaient des Français.

Les premiers artistes français que nous puissions nommer sont Jean Cousin, Toussaint du Breuil, Martin Freminet et Germain Mèunier; on trouve encore les noms de Quentin Varin et de Noël Jouvenet, puis ceux de Janet, Du Moustiers et Foulon. Malgré les efforts de ces artistes, la peinture resta, en France, en quelque sorte le patrimoine des étrangers jusqu'au milieu du xviii° siècle, où l'on vit paraître Simon Vouet, dont les peintures sont devenues rares, parce que beaucoup ont été détruites. En même temps que lui, se montra Nicolas Poussin, qui alla en Italie pour se perfectionner et y resta toute sa vie. La France vit en même temps paraître Valentin, Blanchard, et l'inimitable Claude Lorrain.

Arrive alors l'époque la plus brillante de l'école, car de l'atelier de Vouet on vit sortir le Sueur, Le Brun, Mignard et La Hire. A la même époque, brillèrent aussi Bourdon, Boullogne et Jean Jouvenet. La peinture, à ce qu'il paraît, ne peut jamais rester stationnaire, car à peine arrivée à son apogée, on la voit toujours tendre immédiatement vers la décadence. Dans notre école comme dans les écoles d'Italie, elle ne put se maintenir, et Coypel commence une nouvelle ère, que l'on a vue finir par Restout, Natoire, Vanloo et Boucher.

De ces faibles débris, on vit sortir Joseph-Marie-Vien, qui fut le régénérateur d'une nouvelle école, dans laquelle on vit successivement briller Joseph Vernet, Vincent, Regnaud et David, qui, lui même, fut le chef d'une école qui, sans contredit, n'a pas maintenant de rivale en Europe, et d'où sont sortis Girodet, Gérard et Gros, honneur de l'école française moderne, et à côté desquels' pour ne pas être injuste, on doit pourtant placer Prudhon et Carle Vernet.

TABLE.

—

Histoire de la Peinture 9
Ecole Bysantine. 65
Ecole Florentine. 67
Ecole Romaine. 71
Ecole Vénitienne. 75
Ecole Lombarde. 84

— 122 —

Ecole Napolitaine.	94
Ecole Espagnole.	99
Ecole Allemande.	103
Ecole Flamande.	107
Ecole Hollandaise.	111
Ecole Anglaise.	115
Ecole Française	117

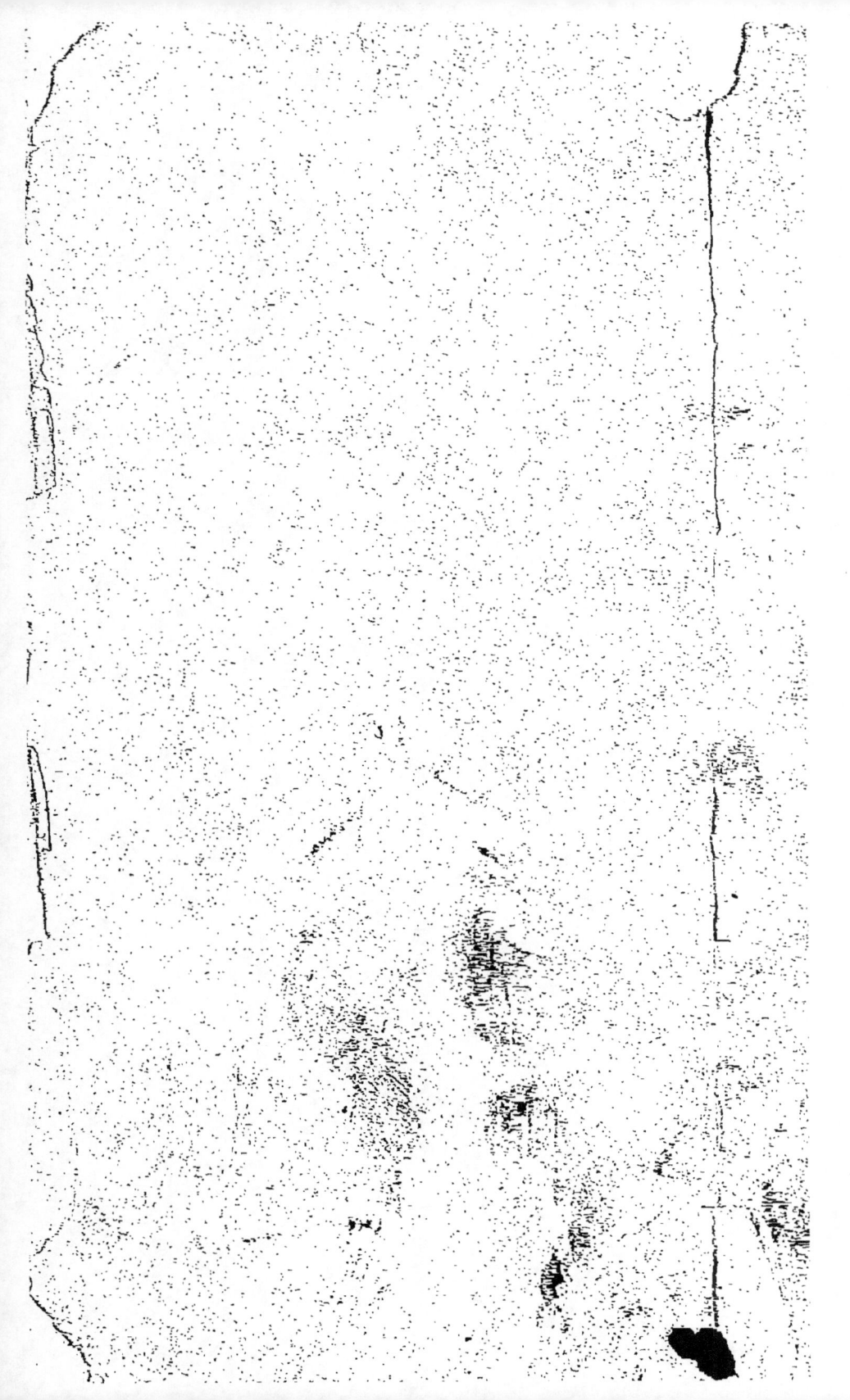

www.ingramcontent.com/pod-product-compliance
Lightning Source LLC
Chambersburg PA
CBHW070257230526
45470CB00002B/619